J.M. Heberle

Ausgewählte Gemälde

J.M. Heberle

Ausgewählte Gemälde

ISBN/EAN: 9783744623698

Hergestellt in Europa, USA, Kanada, Australien, Japan

Cover: Foto ©Thomas Meinert / pixelio.de

Weitere Bücher finden Sie auf **www.hansebooks.com**

Ausgewählte Gemälde

aus dem

Freiherrlich von Fechenbach'schen Schlosse

zu

Laudenbach am Main

und

eine andere Gemälde-Sammlung

einer Liquidationsmasse angehörend.

KATALOG
ausgewählter Gemälde

aus dem

Freiherrlich von Fechenbach'schen Schlosse

zu

Laudenbach am Main

und

einer andern Sammlung

einer Liquidationsmasse angehörend,

welche im Auftrage des Herrn Rechtsanwalt **von Cöllen** dahier

zur Auction gelangt.

Versteigerung zu Köln

den 29. Mai 1889, Vormittags 9½ Uhr

durch

J. M. HEBERLE (H. Lempertz' Söhne)

im neuerbauten Auctionslocale Breitestrasse 135—137

Verkaufsordnung und Bedingungen siehe umstehend.

———

Köln 1889.
Druck von M. DuMont Schauberg.

Verkaufs-Termin:

Mittwoch den 29. Mai 1889, Vormittags 9¹ · Uhr:

No. 1 bis Schluss.

Bedingungen.

Die Sammlungen sind in Köln in dem neuerbauten Auctions-Locale, Breitestrasse No. 125—127, Oberlicht-Saal, zugleich mit den Gemälde-Sammlungen des verstorbenen Herrn Geh. Commercienraths F. Zschille und des Herrn Carl Pagenstecher und der Rüstkammer sowie den Kunst-Sammlungen des Freiherrn von Fechenbach, des Herrn Carl Pagenstecher etc. etc. zur Besichtigung ausgestellt:

Montag den 20. bis Mittwoch den 22. Mai einschliesslich,

von 9 Uhr Morgens bis 6 Uhr Nachmittags.

Auswärtigen Interessenten ist der Zutritt behufs Besichtigung auch

Samstag den 25. und Sonntag den 26. Mai

gestattet.

Durch den Unterzeichneten werden auf persönliche oder schriftliche Meldungen Eintrittskarten ausgegeben, und ist nur den damit versehenen Personen die Besichtigung der Gemälde und Beiwohnung der Versteigerung gestattet. Den Besuchern wird bei der Besichtigung und Untersuchung der Gemälde die grösstmögliche Vorsicht empfohlen, damit kein Gegenstand durch Ungeschicklichkeit, Reiben und dergl. beschädigt werde. Jeder hat den auf diese Weise angerichteten Schaden zu ersetzen.

Der Verkauf geschieht gegen **baare Zahlung.** Ausser dem Steigerpreise hat der Ansteiger das gewöhnliche Aufgeld von 10% per Nummer zu entrichten. Die Gemälde werden in dem Zustande verkauft, worin sich solche befinden. Nachdem durch die Ausstellung dem Publicum Gelegenheit geboten, sich über den Zustand der ausgestellten Gemälde zu unterrichten, kann nach geschehenem Zuschlage keinerlei Reclamation berücksichtigt werden. Der Katalog wurde nach vorhandenen Notizen der Besitzer angefertigt.

Der Unterzeichnete hält sich das Recht vor, Nummern zusammenzustellen oder zu theilen. Sollte durch einen Zuschlag bei erfolgtem Doppelgebote sich ein Streit entwickeln, so wird augenblicklich der Gegenstand von Neuem ausgesetzt, um jedem Theile auf die unparteiischste Weise zu begegnen.

Die Ansteigerer sind gehalten, ihre Acquisitionen nach jeder Vacation in Empfang zu nehmen und Zahlung dafür incl. des Aufgeldes von 10% per Nummer an den Unterzeichneten zu leisten; widrigenfalls behält sich der unterzeichnete Auctionator das Recht vor, die angesteigerten, nicht in Empfang genommenen Gemälde auf Kosten und Gefahr des Ansteigerers wieder zu verkaufen. Die Aufbewahrung bis zur Abnahme und Bezahlung geschieht mit möglichster Sorgfalt, **jedoch auf Gefahr des Ansteigerers.**

J. M. Heberle (H. Lempertz' Söhne).

Aart van Antum

Meister des XVII. Jahrh.

1. Canallandschaft.

Reich belebter Fluss, mit Stadt am anderen Ufer; zahlreiche Kriegs-
schiffe und Boote beleben die Wasserfläche.

Gutes charakteristisches Bildchen des seltenen Meisters.

Holz; Höhe 25, Breite 45 Cent.

Hendrick Avercamp gen. de Stomme van Kampen

geb. zu Kampen um 1590; † daselbst wahrscheinlich vor 1660.

2. Winterlandschaft.

Auf der Eisfläche eines breiten Flusses, der sich zu einer im fernsten
Hintergrunde liegenden Stadt hinzieht, vergnügen sich zahllose Personen
der verschiedensten Stände mit Schlittschuhlaufen und Schlittenfahren.
Auf den beiderseitigen Ufern, zwischen hohen, entlaubten Bäumen, einzelne Bauerngehöfte.

Vorzüglich schöne Qualität des Meisters in leuchtendem Silberton.

Unten links bezeichnet: A. V. B. (verschl.)

Holz; Höhe 35, Breite 57 Cent.

Nicolaas Pietersz Berchem

geb. zu Haarlem 1620; † zu Amsterdam 1683.

3. Die durch eine Furth ziehende Heerde.

An einem steilen, von Buschwerk bestandenen Felsabhange vorbei
durchwatet eine Hirtin, ihre Kleider hochaufschürzend, zwischen zwei
Ochsen eine seichte Furth; ihr folgt auf Schimmel der in Scharlach gekleidete, die Flöte spielende Hirte, voran schreiten Ziege und Hund.
Abendstimmung.

Sehr schönes Bild in noblem harmonischen Tone.

Unten in der Mitte das aus N. B. verschlungene Monogramm.

Holz; Höhe 39, Breite 54 Cent. Collection Nexxx.

1

Dirk van Bergen

thätig zu Haarlem 1651 1690.

1. Viehstück.

Abendliche Landschaft mit Staffage von Kühen, Ziegen und einem Esel, welche im Vordergrunde an einem Bache stehen, rechts ein Mann neben einer jungen Schäferin.

Holz, Höhe 52, Breite 65 Cent.

Pieter de Bloot

geb. um 1600; † zu Rotterdam 1652.

5. Bauernstück.

Vor einer Bauernschenke sitzen in einzelnen Gruppen zahlreiche Landleute; die Gesellschaft scheint des Guten schon zu viel gethan zu haben.

Holz; Höhe 39, Breite 67 Cent

Jan Both

geb. zu Utrecht um 1610; † daselbst nach 1650.

6. Italienische Flusslandschaft bei Abendbeleuchtung.

Das rechte Ufer eines durch den Mittelgrund sich ziehenden Flusses, gebirgig und mit hohen Bäumen und Buschwerk bestandet; vorn rechts eine grosse Ruine auf Anhöhe; als Staffage auf beiden Ufern heimziehende Heerden.

Fein gestimmtes, poetisches Bildchen.
Unten links bezeichnet: J. Both fec.

Leinewand; Höhe 28, Breite 36 Cent

André Both

geb. zu Utrecht um 1609; † zu Venedig 1650.

7. Barbierstube.

In der Stube eines Dorfbarbiers lassen sich nach einer Schlägerei die Verwundeten verbinden; im Hintergrunde eine junge Frau.

Gutes Bild.
Unten bezeichnet: A. Both.

Holz, Höhe 24, Breite 30 Cent.

Dierick (Dirk) Bouts (Dirk van Haarlem)

geb. zu Haarlem um 1410 1420 (muthmasslich); † zu Löwen 1475.

8. Grosser Klappaltar.

Derselbe findet von der Hand des Herrn Domcapitulars Schnütgen in der Zeitschrift für christliche Kunst, Jahrg. 1889 Mai Heft, folgende treffliche Beschreibung:

„Die Hauptbegebenheiten aus dem Leben des hl. Petrus behandelt der linke Flügel, die wichtigste der Schlüsselübertragung in grosser Darstellung, die Befreiung

Nr. 6. Dieric Bouts.

aus dem Gefängnisse, die auch im Vordergrunde spielt, in nur wenig kleineren Dimensionen, während die übrigen (die von Christus geheilte und sofort ihm dienende Schwiegermutter Petri [Math. VIII. 14. 15., sein Aussteigen aus dem Meere, seine Begegnung mit dem kreuztragenden Heilande) in ganz kleinen Abmessungen dem Hintergrund bleiben bis hinauf zu seiner ganz minutiös behandelten Kreuzigung. Die anstossende Tafel stellt als Hauptbild die Heimsuchung vor und die auch hier zahlreichen Miniaturbildchen, die theils architektonisch gefasst, theils in die freie Landschaft gestellt, im Hintergrunde sich gruppiren, erzählen die Begebenheit, welche dem Feste Mariä Schneefeier (5. August) zu Grunde liegt; denn das fromme, kinderlose Ehepaar, dem die Gottesmutter mit ihrem göttl. Kinde auf dem Arme erscheint (oben rechts) stellt den um die Mitte des IV. Jahrh. lebenden, reich begüterten Patrizier Johannes mit seiner Frau vor. Diesem, wie dem gleichzeitigen Papste Liberius (oben links), wurde durch ein Traumgesicht bedeutet, dass sie auf einem der sieben Hügel Roms an der Stelle, die sie folgenden Morgens mit Schnee bedeckt finden würden, eine Kirche zu Ehren der Mutter Gottes erbauen sollten.

Der in Folge dessen vom Papst Liberius (dem [oben] das Ehepaar seinen Plan mittheilt, der weiter rechts mit Gefolge vom Esquilinischen Hügel reitet und (darüber den Plan zur Kirche absteckt) feierlich eingeweihte Tempel, der hier noch als im Bau begriffen erscheint, ist die heute (nach mancherlei Umbauten) noch bestehende „grössere Marienkirche“ (Maria Maggiore) und mit ihr feiert bekanntlich die ganze kath. Kirche diesen ihren Weihetag. An diese Tafel schliessen sich die beiden noch übrigen an, welche in sehr figurenreichen Gruppen die Geschichte Jobs vorführen, seines Unglücks und seines endlich wiedergewonnenen Glücks. Die Darstellungen folgen dem biblischen Berichte in der Weise, dass die erste Tafel als genauer Commentar des 1. Capitels des Buches Job erscheint, die zweite Tafel mit der Schilderung der im II. Capitel erzählten Prüfungen beginnt, um, mit Ueberschlagung der weiteren, die Unterhaltung Jobs mit seinen Freunden enthaltenden 39 Capitel, dem Schlusse des Buches, welches den wiedergewonnenen Segen in Kürze berichtet, die letzten Motive für die Darstellung zu entnehmen. Bei der ganz ungewöhnlichen Mannigfaltigkeit der Scenen mag es nicht überflüssig sein, ihren Inhalt etwas genauer zu bezeichnen. Auf der ersten Tafel links der Reichthum Jobs (Job. I, 3.), in der Mitte als Hauptbild das Mahl seiner sieben Söhne und drei Töchter (1, 4 und 5), oben links in der Ecke der Herr und der Satan (1, 6 bis 12), rechts und oben hoch der Verlust der äusseren Güter (1, 14—17), in der Ecke der Verlust seiner Kinder (1, 18 und 19). Auf der zweiten Tafel oben links wiederum der Herr und Satan (II, 1—6), links als die erste Hauptdarstellung: Satan schlägt Job mit Aussatz (II, 7), oben rechts: Jobs Frau versucht ihn zu lästern (II, 9), in der Mitte schickt sie (was in der Bibel ausdrücklich gesagt wird) die drei Freunde zu ihm, diese besuchen und versuchen ihn (II, 13), die erscheinen hier in den andern Hauptdarstellung abweichend von der hl. Schrift als Musicanten, als welche sie aber auch auf anderen Gemälden wiederkehren. Die oberen Darstellungen zeigen Job in seinem wiedergewonnenen Glück (XLII, 10—16), der Gesundheit des Leibes, der Liebe seiner Frau, mit sieben neuen Söhnen und drei Töchtern. Von den die Aussenseiten der Flügel schmückenden den grisailleartig behandelten Standfiguren sind der hl. Petrus und die Mutter Gottes weniger gut in Zeichnung und Bewegung, etwas besser die beiden andern; Maria Magdalena und Job mit der Läuterungsflamme in der Rechten. Dass der auf dem zweiten Bilde mit seiner Gemahlin angebrachte Donator seine Wappen als Tilmann van Beringen erkennen lasse, besagt eine Notiz, für die ich vergebens Bestätigung gesucht habe.“

Capitelbild 1. Rouges.

Vgl. darüber Schnütgens Aufsatz a. a. O. Dasselbe wurde von seinem jetzigen Besitzer vor vier Jahren in Florenz erworben.

Eichenholz; Höhe jeder Tafel 120, Breite 90 Cent.

Franz Bout und Anton Franz Boudewijns

ersterer geb. zu Brüssel um 1650; letzterer geb. zu Dixmunde 1676.

9. Landschaft.

In einer weiten Gebirgslandschaft liegt in einem von hohen Bäumen und dichtem Buschwerk umschlossenen Thalkessel eine Ortschaft. Im Mittelgrunde die Kirche, vor der mehrere Figuren, vorne links die Schenke, vor welcher zahlreiche Personen und Reiter Halt gemacht haben, während andere, dabei eine Frau auf Schimmel, darauf zukommen; rechts führt eine Bogenbrücke mit verfallenem Thorbogen über einen Fluss.

Holz; Höhe 41, Breite 56 Cent.

Quirijn Brekelenkam

geb. zu Swammerdam bei Leiden; † zu Leiden 1668.

10. Die mütterliche Ermahnung.

In einem Zimmer sitzt rechts, vor einem mit Gefässen besetzten Schranke eine ältere Frau in schwarzem Gewande mit Steinkragen und weisser Haube, ein offenes Buch auf den Knieen; sie streckt die Rechte ermahnend vor gegen den in grauem Mantel und breitem Kragen vor ihr stehenden jungen Mann.

Sehr gutes Bild des Meisters.

Unten links die Signatur: Q. B.

Holz; Höhe 37, Breite 31 Cent.

Antonio Canale, gen. Canaletto

geb. zu Venedig 1697; † daselbst 1768.

11. Ansicht des Capitols in Rom.

Die breite Treppe sowie der Vorplatz sind mit meist elegant gekleideten Figuren äusserst reich staffirt; im Vordergrunde rechts eine Staatscarrosse.

Feines ulberflüssiges Werk des Meisters.

Die Rückseite trägt die Inschrift: The capitol. Behind this picture on the original canvas is the following inscription by Canaletto. Fatto nel anno 1755 in London con ogni maggior attenzione ad i canzo del Signore Cavaliere Brand padroni suo quanati Antonio Canal detto il Canaletto. It was removed to new line the picture in 1850 so that the inscription is new bid. John Diones 1850.

Leinwand; Höhe 52, Breite 61 Cent.

12–15. Vier verschiedene Ansichten von Venedig.

Das Wasser von zahlreichen Gondeln belebt, das Ufer mit reicher Figurenstaffage.

Leinwand; Höhe 62, Breite 78 Cent.

Antonio Canaletto (Schule).

16. **Der Marcusplatz zu Venedig.**

Der weite Platz mit reicher Figurenstaffage.

Gutes, fein durchgeführtes Bild, am wahrscheinlichsten dem Francesco Guardi zuzuschreiben.

Leinwand; Höhe 35, Breite 62 Cent

Don Juan Carreno de Miranda

geb. zu Avilés 1614; † zu Madrid 1685.

17. **Bildniss König Karls II. von Spanien.**

Lebensgrosses Brustbild, nach rechts gewandt, gradeausschauend, vor einem nach links zurückgeschobenen rothen Vorhange; das Gesicht bartlos, das Haar in langer blonder Perücke, über die Schultern herabfallend; er trägt ein reich gesticktes, schwarzes Gewand, dessen Aermel mit Gelb gestreift und mit Weiss gepufft sind; die Brust schmückt die Kette des goldenen Vliesses.

Charakteristisches, auch costümlich ungemein interessantes Bild und tüchtiges, vorzüglich Werk des Meisters, den Arbeiten des Velasquez sehr nahestehend, als welche es stets gegolten und vom engl. Gemälden vor 30 Jahren in Madrid erworben worden.

Leinwand; Höhe 83, Breite 62 Cent

Gonzales Coques

geb. zu Antwerpen 1618; † daselbst 1684.

18. **Männliches Bildniss.**

Brustbild eines älteren Mannes in Dreiviertelwendung nach rechts, gradeausblickend, mit ergrautem spärlichen Haar und langem, viereckig geschnittenem Barte. Er trägt ein schwarzes gemustertes Gewand mit breitem Steinkragen. Grauer Grund.

Feines charakteristisches Bildchen.

Oval. Kupfer; Höhe 14, Breite 11 Cent. Sammlung J. J. Merlo in Köln

Jacob Gerritz Cuijp

geb. zu Dordrecht angebl. 1575; war daselbst 1649 noch thätig.

19. **Portrait.**

Kniefigur eines kleinen Mädchens in schwarzem Gewande mit rothen Unterkleide, rothen Unterärmeln und rothem, goldgeschnürtem Mieder, im Haare ein breites Band; sie hält in der Rechten ein Paar Handschuhe, in der Linken eine Nelke.

Interessantes Bildchen. Dasselbe wurde lange Zeit dem Albert Cuijp zugeschrieben.

Holz; Höhe 31, Breite 42 Cent

Joost Cornelisz Droochsloot

geb. zu Utrecht (?) 1586; † daselbst 1666.

20. Bauernkirmes.

Auf beiden Ufern eines sich durch die Mitte schlängelnden Flusses, der mit Fähre und Booten belebt, liegt weit ausgedehnt eine Ortschaft; vor den Häusern derselben bewegen sich, theils zechend und singend, um Tische gruppirt, zahllose Figuren.

Unten rechts bezeichnet: J. Droogsloot 1641.

Holz; Höhe 53, Breite 77 Cent.

Anthonie van Dyck

geb. zu Antwerpen 1599; † zu Blackfriars 1641.

21. Portrait des Herzogs von Pomfret.

Lebensgrosses Brustbild, nach links gewandt, den Kopf mit langem Lockenhaar fast ganz dem Beschauer zudrehend; mit der Rechten fasst er den reich drapirten weissen Mantel, über den sich ein breiter prächtiger Spitzenkragen eng anlegt. Graulich brauner Hintergrund.

Geistreich und flott, etwas skizzenhaft behandeltes Bild.

Leinwand; Höhe 79, Breite 68 Cent.

Johann Georg Edlinger

geb. zu Grätz 1741; † 1819.

22. Der Geizhals.

Lebensgrosse Halbfigur eines älteren Mannes mit flatterndem Haare, in braunem Mantel; den rechten Arm auf einen grossen gefüllten Geldsack stützend, mit der ausgestreckten Linken die weiter vor ihm liegenden Geldsäcke zeigend.

Geistreich behandeltes Bild.

Leinwand; Höhe 118, Breite 85 Cent.

Allart van Everdingen

geb. zu Alkmaar angeblich 1621; † zu Amsterdam 1675.

23. Norwegische Gebirgslandschaft.

Rechts baut sich ein bewaldetes felsiges Gebirge auf, aus dem ein Bergwasser hervorstürzt, welches als plätschernder Bach im Vordergrunde wieder zum Vorschein kommt; nach links Blick auf ein fernes Gebirge. Als Staffage zwei Holzflösser unter Stämmen bei der Arbeit.

Holz; Höhe 42, Breite 62 Cent. Aus der Hohenzollern Sammlung.

Marcello Fogolino
lebte zu Venedig um 1500.

24. Madonna mit dem Kinde.

Auf einer Steinbank, über die hinweg man in eine reizvolle sonnen beleuchtete Landschaft blickt, sitzt vor grünem goldbordirten Baldachin die Madonna, dargestellt bis zum Knie, in rothem Gewande, blauem Mantel und weissem Kopfschleier. Die Augen niederschlagend, blickt sie liebevoll zu dem auf ihrem Schoosse sitzenden segnenden Jesukinde, welches sie mit beiden Händen umfasst.

Hervorragendes Bild voll Innigkeit und Anmuth und von hohem kunsthistorischen Interesse.

Rechts auf einem an der Bank angehefteten Zettel die Bezeichnung: Marcello Fogollinus.

Pappelnholz; Höhe 66, Breite 50 Cent.

Jan van Goijen
geb. zu Leiden 1596; † im Haag 1656.

25. Mondscheinlandschaft.

Breiter Fluss, an dessen jenseitigem Ufer eine Ortschaft vom Scheine des Mondes erleuchtet.

Sehr schöne, breit gemalte Naturstudie des Meisters.

Holz; Höhe 25, Breite 32 Cent.

Hautsch
moderner Wiener Meister.

26. Gebirgslandschaft.

Felsschlucht mit Gruppen von Fichten und Buschwerk. Im Vordergrunde schäumender Wasserfall.

Holz; Höhe 17, Breite 38 Cent.

Egbert van Heemskerk der Aeltere
geb. zu Haarlem 1610; † 1680.

27. Wirthshausscene „Le roi boit".

Im Mittelgrunde des Bildes sind sieben Bauern um einen besetzten Tisch gruppirt; einer derselben, auf dem Kopfe eine Papierkrone, setzt eben aus einem gewaltigen Kruge an, während die anderen ihm zujubeln. Hinter ihm steht eine Figur, den Leierkasten spielend und singend. An dem geöffneten Fenster links steht ein dem Treiben Zuschauender. Im Vordergrunde rechts schäkert ein Alter mit der Wirthin; ein Bauer entfernt sich durch die geöffnete Thüre rechts.

Ueberaus reiche Composition in schönen Silbertönen vorzüglich ausgeführt, zweifellos ein Hauptwerk des Meisters.

Auf einer als Sitz benutzten Kiste die noch erkennbare Signatur E. H. absichtlich verputzt, da das Bild als ein Werk von Adr. van Ostade gelten sollte.

Leinwand; Höhe 63, Breite 74 Cent.

Joseph Heicke

moderner Wiener Meister.

28. **Kühe am Wasser.**

Binnensee von Gebergen begrenzt. Auf dem hugelig ansteigenden Ufer zwei Kühe.

Freundliches Bildchen.

Unten rechts bezeichnet: Jos. Heicke 1861.

Holz; Höhe 25, Breite 29 Cent.

Guilliam de Heusch

geb. zu Utrecht (?) 1638; † daselbst (?) nach 1689.

29. **Italienische Hafenlandschaft bei untergehender Sonne.**

Links das Meer mit einer Gruppe dicht nebeneinander liegender Schiffe mit vollgehissten Segeln und Flaggen. Die letzten Strahlen der untergehenden Sonne spiegeln sich im Wasser wieder. Auf dem Ufer des Vorgrundes lagern in Gruppen zahlreiche Figuren in meist zerlumpten Kleidungen bei ihren Habseligkeiten, die von einem mit zwei Ochsen bespannten Wagen abgeladen sind; rechts grosse, antike Ruine, bei hohem, wenig belaubten Baume.

Stimmungsvolles schönes Bild.

Rechts auf einer Inschrifttafel bezeichnet: W. van 57 van Huisch fe.

Holz; Höhe 91, Breite 25 Cent.

Jan van der Heyden

geb. zu Gorkum 1637; † zu Amsterdam 1712.

30. **Gebirgslandschaft.**

Durch den Mittelgrund schlängelt sich ein Fluss, auf dessen rechtem, gebirgig ansteigendem Ufer die ausgedehnten Gebäulichkeiten eines Klosters mit grosser Terrasse liegen; links weiter Fernblick, von Höhenzug begrenzt, das Ufer des Vordergrundes hügelig; als Staffage heimkehrende Jagd-Gesellschaft, ruhender Wanderer, Schäfer mit seiner Heerde etc.

Feines, stimmungsvolles Cabinetbildchen, die Staffage von A. van de Velde.

Unten rechts bezeichnet: J. v. Heyde 1665.

Holz; Höhe 45, Breite 56 Cent.

Gerard van Honthorst

geb. zu Utrecht 1590; † daselbst 1656.

31. **Der Lautenspieler.**

Lebensgrosse Halbfigur eines Ritters in reichem Gewande, mit rothem Mantel und grossem Federhute, die Laute spielend.

Leinwand; Höhe 115, Breite 88 Cent.

Karel de Hooch

Maler zu Utrecht; 1627 Mitglied der Malergesellschaft.

32. Landschaft aus der römischen Campagna.

Im Mittelgrunde führt eine Bogenbrücke über ein reissendes Wasser nach einer Häusergruppe, hinter der sich eine Ruine erhebt.

Schönes Bild.

Leinwand; Höhe 57, Breite 80 Cent.

Jacob Jordaens (Schule).

33. Jüdische Schriftgelehrte.

In einem Sessel sitzt ein alter Rabbiner, die vor ihm aufgeschlagene heilige Schrift erklärend; um ihn disputirend vier andere Schriftgelehrte.

Leinwand; Höhe 110, Breite 110 Cent.

34. Judenschule.

Mehrere Knaben aus den vor ihnen offenliegenden Psalter-Büchern singend; links sitzt in einem Sessel der Lehrer mit Ruthe, hinter ihm eine andere Figur.

Gegenstück zum Vorigen, in gleicher Ausführung und gleicher Grösse.

Angelika Kauffman (Manier).

35. Weibliches Bildniss.

Lebensgrosses Brustbild einer jungen Dame, als Schauerin dargestellt, die Brust entblösst.

Leinwand; Höhe 77, Breite 62 Cent.

Cornelius van Kick

geb. zu Amsterdam 1635; † 1675.

36. Blumenstück.

Auf einer Steinconsole steht in einer weiten Glasschale ein reicher Strauss schöner Gartenblumen, als: Tulpen, Nelken, Mohn, Winden, Glockenblumen etc.; davor sitzt bunter Falter.

Schönes Bild.

Unten rechts bezeichnet: C. Kick pt.

Leinwand; Höhe 56, Breite 46 Cent.

Ludwig Knaus (Berlin).

37. Kopf eines alten Bauern.

Derselbe ist im Profile nach rechts dargestellt, mit dickem, struppigem Haar, die Gewandung eben angedeutet.

Superbe, geistreiche Kreidezeichnung, aus des Künstlers bester Zeit.

Unten rechts bezeichnet: L. Knaus.

Höhe 34, Breite 28 Cent. In Rahmen unter Glas.

A. Koedyck

Maler, dessen Lebens-verhältnisse unbekannt.

38. Küchen-Interieur.

In einem küchenartigen Raum, der mit Geräthen und Gefässen aller Art, Gemüse und Obst, theils in Körben und Schüsseln, reich ausgestattet ist, sitzt vorne ein Alter, die mit dem Scheuern eines Kessels beschäftigte Köchin liebkosend; weiter zurück rechts erscheint, ihn überraschend, seine Frau. Im Hintergrunde zwei Kühe und ein aus der Thür herausschreitender Metzger.

Die Composition im Stile des Teniers, brauner Ton.
Unten rechts bezeichnet: A. Koedik 1692.
Holz; Höhe 58, Breite 85 Cent.

Nicolas de Largillière

geb. zu Paris 1656; † daselbst 1746.

39. Bildniss des Corsaren Gendron.

Lebensgrosse Halbfigur, wenig nach links gewandt, den Kopf ganz von vorne, das Gesicht bartlos mit eben spriessendem Schnurrbart. Das Haar bedeckt eine Pelzmütze mit grosser Agraffe. Er trägt ein rothes Gewand mit blauem pelzverbrämten Plüschmantel. Die Linke hat er in die Seite gestemmt, während er mit der Rechten in die blau-weiss gestreifte Schärpe greift.

Prachtvolles Bild von grösster Lebenswahrheit und Charakteristik im Ausdruck.
Leinwand; Höhe 92, Breite 74 Cent. In einem Oval.

40. Weibliches Bildniss.

Kniebild einer jugendlichen Dame, in einem Sessel sitzend, nach links gewandt, den Kopf mit freundlichem Ausdruck fast ganz von vorne; die blonden Locken verhüllt ein elegant drapirtes Spitzentuch; sie trägt ein rothes, pelzverbrämtes Atlasgewand mit reichen Agraffen und Spangen und mit Spitzenärmeln. Sie hat die Hände im Schooss ineinander gelegt.

Gegenstück zum Vorigen, in ähnlicher vorzüglicher Ausführung.
Leinwand; gleiche Grösse.

Nach Lucas van Leyden.

41. Die Anbetung der hl. Dreikönige.

In einer verfallenen Architektur bringen die hl. Dreikönige in kostbaren Gefässen dem Jesukinde ihre Geschenke dar. Landschaftlicher Hintergrund mit der zahlreichen Dienerschaft und dem grossen Heergefolge.
Holz; Höhe 116, Breite 152 Cent.

No. 39

N. de Largillière.

No. 18.

Johann Lingelbach

geb. zu Frankfurt a. M. 1622; † zu Amsterdam 1687.

42. Flussufer.

Den Mittelgrund des Bildes nimmt ein von Fahrzeugen belebter Fluss
ein, dessen jenseitiges, bereits im Schatten der Abenddämmerung liegendes
Ufer gebirgig mit Ortschaften und Castellen. Auf dem Ufer des Vordergrundes zwei Maulthiertreiber mit ihren beladenen Mauleseln.

Gutes, kelles Bild.

Leinwand, Höhe 46, Breite 62 Cent.

Bernardino Luini

geb. wahrscheinlich zu Luini 1475 oder 1480; † muthmasslich 1533.

43. Innocentia.

Lebensgrosses Hüftbild einer jugendlichen Frauengestalt mit dem Aus-
drucke voller Unschuld, fast ganz von vorne gesehen, den Oberkörper
entblösst, den Kopf mit reizendem Gesicht und langen, über die Schultern
herabfallenden dunkelblonden Locken wenig nach links geneigt. Die
Linke hat sie auf die Brust gelegt, während sie in der Rechten eine
Palme hält. Landschaftlicher Hintergrund mit Gebirgszug.

*Kostbares, unmuthvolles, inniges Bild. Dasselbe wurde erworben in Settignano bei
Florenz.*

Pappelholz: Höhe 71, Breite 56 Cent.

Sebastiano Mainardi

geb. zu San Gemignano; † daselbst 1513.

44. Madonna mit dem Kinde und dem kleinen Johannes.

Vor einer Renaissance-Arkade sitzt auf einer Rasenbank die Madonna
in grünem, goldbordirtem Gewande, dessen reiche Draperien den Boden
bedecken; sie umfasst mit der Linken den auf ihrem Schoosse sitzenden,
in der Rechten eine Dattel haltenden Jesuknaben, mit der Rechten den
neben ihr sitzenden Johannes. Rechts hat man einen weiten Blick in eine
Flusslandschaft, in deren Vordergrunde eine Bogenbrücke zu schloss-
artigen Gebäuden führt.

Interessantes Bild, rund.

Pappelholz: Diam. 87 Cent.

Michiel Jansze Mierevelt

geb. zu Delft 1567; † daselbst 1641.

45. Männliches Bildniss

Lebensgrosses Brustbild eines Mannes in vorgerückteren Jahren, in
Dreiviertelwendung nach links, mit spärlichem, melirtem Haare und ergrautem Barte, in schwarzem, pelzverbrämtem Gewande mit breitem
Steinkragen. Grünlicher Grund. Oben links Wappen mit drei Schwänen
in Gold auf schwarzem Grunde.

Holz; Höhe 75, Breite 55 Cent.

2*

P. Mignard, gen. le Romain

geb. zu Troyes 1612; † zu Paris 1695.

46. Portrait.

Lebensgrosses Brustbild eines Herrn in mittleren Jahren; die dunkel-
blonde Allongeperücke fällt in langen Locken auf die Schultern herab.
Er trägt ein schwarzes Gewand, über dem eine weisse Halskrause mit
Spitze.

Oben links Wappen, Jahreszahl 1682 und Comias A. 49 Ann.

Leinwand; Höhe 80, Breite 62 Cent.

Hendrick Mommers

geb. zu Haarlem angeblich 1623; † daselbst 1697.

47. Italienischer Markt.

Am Fusse eines nach rechts ansteigenden Berges, an dem zerstreut
einzelne Gehöfte liegen, sitzt eine Gemüseverkäuferin bei den von ihr
ausgebotenen Waaren; um sie Köchin und Mägde mit gefüllten Körben.
Rechts sitzt neben seinem Lastesel ein Wildhändler mit Hase und Vögeln.
Sehr gutes Werk des Meisters, von breiter energischer Behandlung.
Unten rechts die nicht ganz deutliche Signatur.

Holz; Höhe 41, Breite 56 Cent.

Pieter Molijn

geb. zu London vor 1600; † zu Haarlem 1661

48. Landschaft.

Ein breiter Weg, von einem Wasser ansteigend, über das ein Holz-
steg, führt nach rechts an den zwischen hohen Bäumen liegenden Gebäuden
eines Gehöftes vorbei; vorne mehrere ruhende Figuren; nach links dehnt
sich die Landschaft weit aus, von Buschpartieen durchzogen.
Schöne brauner Rembrandtton.
Unten links bezeichnet: P. M.

Holz; Höhe 42, Breite 62 Cent.

Antonio Moro

geb. zu Utrecht 1512; † zwischen 1576 und 1578.

49. Bildniss eines spanischen Edelmannes.

Brustbild in Dreiviertelwendung nach links, in schwarzem Gewande
mit Halskrause und hoch aufstehenden Kragen. Grauer Grund.
Feines Bildchen.
Oben links: MDLXXII, rechts: J. B. M. G.

Holz; Höhe 22, Breite 19 Cent.

No. 53. B. van Orley

Frederick de Moucheron

geb. zu Emden 1633 oder 1634; † zu Amsterdam 1686.

50. Arkadische Landschaft.

Rechts und links zu den Seiten eines Wassers mit Bogenbrücke stehen
Gruppen dicht belaubter Bäume, zwischen denen antike Ruinen und Pan-
säule, bei denen arkadische Hirtenfamilie; dieselben gewähren einen freien,
weiten Durchblick, in dessen fernstem Hintergrunde Tempelgebäude am
Fusse des begrenzenden Gebirgszuges sichtbar werden.

Schön gestimmtes, poetisches Bild.

Unten links bezeichnet: Moucheron fec.

Leinwand; Höhe 64, Breite 77 Cent.

Isaac de Moucheron

geb. zu Amsterdam 1670; † daselbst 1744.

51. Landschaft.

In einer sich nach links weit öffnenden Gebirgslandschaft mit Fluss,
an dem Castell auf einer Anhöhe liegt, führt vom Vordergrunde links ein
breiter Weg zu einem Waldeingang mit hohen dichtbelaubten Bäumen.
Als Staffage Hundeknechte mit der Meute und den gefangenen Vögeln
zurückkehrend. Abendliche Beleuchtung.

Stimmungsvolles, schönes Bild, die Staffage von A. van de Velde.

Unten in der Mitte bezeichnet: Moucheron.

Leinwand; Höhe 70, Breite 89 Cent.

Caspar Netscher

geb. zu Heidelberg 1639; † im Haag 1684.

52. Bildniss einer Dame.

Gürtelbild, von vorne gesehen, hinter einer Steinbrüstung, auf der
ein Blumenkorb steht, in einem Garten neben einer Statuette. Sie trägt
ein ausgeschnittenes farbiges Atlasgewand, Hals und Arme schmücken
Perlenschnüre, die Linke hat sie auf die Brust gelegt, während sie mit
der Rechten ihr Busentuch fasst; neben ihr eine Mohrendienerin, die ihr
das Armgeschmeide umlegt.

Vortreffliches Bild.

Auf der Steinbrüstung die Bezeichnung: Anno Do 1680.

Leinwand; Höhe 52, Breite 45 Cent.

Bernaert van Orley

geb. zu Brüssel zwischen 1491 und 1501; † daselbst 1542.

53. Die Anbetung der hl. Dreikönige.

Vor einer reichen Renaissance-Architektur sitzt die Madonna in
dunkelblauem Mantel und reich drapirtem, weissen Kopfschleier, auf
dem Schoosse das Jesukind, dem die hl. Dreikönige in prachtvollen

Gewändern in herrlichen Gefässen ihre Geschenke darbringen; rechts der hl. Joseph. Gruppe von Kniefiguren. Reicher landschaftlicher Hintergrund mit figurenreicher Staffage.

Kostbares hervorragendes Bild, von schöner Composition und strenger Zeichnung. Dasselbe stammt aus dem Palazzo Corsini in Florenz.

Holz; Höhe 205, Breite 152 Cent. Geschnitzter italienischer Rahmen.

Isaak van Ostade
geb. zu Haarlem 1621; † daselbst 1649.

54. Inneres eines Bauernhauses.
Hoher, scheunenartiger Raum, in der Mitte von der durch das Fenster links einfallenden Sonne hell beleuchtet; derselbe ist belebt von vier Figuren, dabei eine auf der Erde sitzende, haspelnde Frau; links im Vordergrunde angebunden zwei Kälber, im Hintergrunde Kuh an der Krippe stehend. Rechts stehen Geräthe und Gefässe der verschiedensten Art um einen Ziehbrunnen.

Schöner goldiger Ton.
Unten die Bezeichnung.

Holz; Höhe 54, Breite 68 Cent.

Egbert van der Poel
geb. zu Delft 1621; † zu Rotterdam 1664.

55. Dorfbrand.
An einem den Vordergrund einnehmenden Wasser steht vorne rechts ein Haus in vollen, hoch zum Himmel auflodernden Flammen; vor demselben eine dichte Menschenmenge mit Löschen und Retten beschäftigt.

Unten rechts bezeichnet: E. van der Poel.

Holz; Höhe 36, Breite 27 Cent.

Pieter Jansz Quast
geb. zu Amsterdam 1606; † daselbst 1647.

56. Der Dorfchirurg.
Ein alter Chirurg arbeitet einem vor ihm auf Stuhl sitzenden, das Gesicht vor Schmerz verzerrenden Bauern an einer im Kreuz befindlichen, stark blutenden Wunde; dabei eine dritte Figur; links im Hintergrunde schauen zwei Personen durch ein Fenster.

Selten schöne Qualität des Meisters.

Holz; Höhe 22, Breite 26 Cent.

August Querfurth
geb. zu Wolfenbüttel 1696; † zu Wien 1761.

57. Halt einer Jagdgesellschaft.
Im Vordergrunde einer weit ausgedehnten Landschaft hat eine Jagd-Gesellschaft am Fusse eines Hügels Rast gemacht. Eine Dame, noch

No. 63. Salomon van Ruisdael.

aufsitzend, unterhält sich mit einem abgestiegenen Cavalier, während sich ein anderer mit den Hunden beschäftigt. Rechts ein Reiter nach der Ferne ausschauend, von der die weitere Jagdgesellschaft kommt.

Hübsches Bild.

Unten links bezeichnet: A. Querfurt.

Leinwand; Höhe 42, Breite 55 Cent.

58. Rast einer Reiter-Cavalcade.

In einem stallartigen Raume, durch dessen hohen Thorbogen man eine weite Fernsicht hat, stehen zahlreiche Pferde angeschirrt an einer Krippe, andere sind an Pfähle angebunden; zwei Reiter, bereits aufgestiegen, sind fertig zum Aufbruche. Im Vordergrunde mehrere Stalljungen, Ziegen, Hühner, Hund etc.

Leinwand; Höhe 50, Breite 70 Cent.

59. Aufbruch zur Jagd.

Vor einem Schlossparke versammelt sich eine Jagdgesellschaft mit ihren Hunden, ein Page führt einen Schimmel herbei; vorne rechts Cavalier, eine reich gekleidete Dame liebkosend.

Gleich gute Ausführung.

Leinwand; Höhe 42, Breite 55 Cent.

Unbekannter Rembrandtist.

60. Die Findung Mosis.

In einer Waldlandschaft findet die egyptische Königstochter den ausgesetzten Moses in einem von hohen Bäumen umgrenzten Weiher.

Interessantes, geistreiches Bild.

Holz; Höhe 48, Breite 68 Cent.

Jusepe de Ribera, gen. Spagnoletto

geb. zu Jativa 1588; † zu Neapel 1656.

61. Bildniss des Hofzwergs des Vicekönigs von Neapel.

Im Vordergrunde einer Gebirgslandschaft steht derselbe in Lebensgrösse, in ganzer Figur dargestellt, nach rechts gewandt, den Kopf mit struppigem Haar und lachendem Gesichtsausdruck nach dem Beschauer drehend. Er trägt ein scharlachrothes, mit schwarzen Bändern garnirtes Gewand und enganliegenden, breiten Spitzenkragen. Mit beiden Händen hält er den neben ihm stehenden grossen Hund an eiserner Kette fest.

Interessantes hervorragendes Werk aus des Meisters bester Zeit.

Auf dem Halsbande des Hundes bezeichnet: Jusepe de Ribera espanol. F. 1645.

Leinwand; Höhe 161, Breite 112 Cent.

62. Mater Dolorosa.

Brustbild der schmerzhaften Mutter in rothem Gewande und blauem Mantel, in Dreiviertelwendung nach rechts, den nach oben gewandten Kopf, mit thränengefülltem Auge, auf die Rechte aufstützend.

Geistreiches, pastos gemaltes Bild.

Leinwand; Höhe 45, Breite 35 Cent.

Salomon van Ruijsdael

geb. zu Haarlem; † daselbst 1670.

63. Holländische Canallandschaft.

Am linken Ufer des Canals, der sich in mächtiger Breite nach rechts ausdehnt und von zahlreichen grösseren Schiffen, Booten und Fischer-kähnen besetzt ist, ist im Vordergrunde ein Landeplatz mit verschiedenen Booten. In der Ferne wird ein schmaler Landstreifen mit hohem Thurm und den Häusern einer Stadt sichtbar. Abendliche Stimmung bei be-wölktem Himmel.

Hervorragendes tüchtiges Werk des Meisters in herrlichem klaren Silbertone.
Auf einem Segelboote rechts bezeichnet: S. v. R. 1652.

Holz; Höhe 45, Breite 73 Cent.

64. Holländische Landschaft mit Blick auf eine grosse Stadt.

Ungemein weit ausgedehnte Flachlandschaft, in deren Mittelgrunde lang gestreckt eine Stadt mit mehreren grossen, die Häuser hoch über-ragenden Kirchen liegt; auf dem breiten, nach dem Vordergrunde rechts führenden Wege Viehtreiber, Reisezug mit Wagen und Reitern; links, vorne am Fusse eines Hügels, auf dem hohe, theils entlaubte Bäume, drei Figuren in Unterhaltung. Herbstliche Stimmung mit leicht be-wölktem Himmel.

Vortreffliches Werk in breiter Behandlung.
Links bezeichnet: S. v. Ruijsdael, 1641.

Leinwand; Höhe 89, Breite 111 Cent.

65. Holländische Herbstlandschaft.

Links eine Baumgruppe; im Mittelgrunde liegt ein Gehöft zwischen Bäumen und Buschwerk, vor demselben lagert eine Heerde. Im Vorder-grunde rechts eine Furth, die ein von drei Reitern begleiteter Reisewagen, in dem zwei Frauen sitzen, passirt. Ihnen folgt in der Entfernung ein zweiter Wagen, Reiter etc. In der weitesten Ferne erblickt man den Kirchthurm einer Ortschaft und Höhenzug.

Hervorragendes Werk des Meisters von vorzüglicher, ungewöhnlicher Schönheit und Erhaltung.
Unten links bezeichnet: S. v. R. 508.

Holz; Höhe 54, Breite 68½ Cent.

Robert Russ

moderner Wiener Meister.

66. Waldlandschaft.

Waldlichtung von der Sonne hell beleuchtet, rechts ein Waldbach; als Staffage Holzsammler.

Gute Skizze.
Unten links bezeichnet: Rob. Russ.

Leinwand; Höhe 29, Breite 25 Cent.

Nr. 73. D. Teniers d. J.

17

Carl Schindler

moderner Wiener Meister.

67. Der Besuch des Arztes.

Familienscene in einer Composition von vier Figuren.

Holz; Höhe 29, Breite 35 Cent.

Christian Stöcklin

geb. zu Genf 1741; † um 1800.

68. Kirchen-Interieur.

Innere Ansicht einer prächtigen, reichen Kirche mit hohen Säulen-
hallen, durch deren mittlere man einen perspectivischen Blick auf den
Hochaltar hat; vorne rechts ein reich architektonischer Epitaph. Figuren-
Staffage: im Vordergrunde Cavalier, zwei reich gekleidete Damen be-
grüssend.

Sehr gute Qualität des Meisters.

Unten links auf einem Säulensockel das Monogramm.

Holz; Höhe 34, Breite 42 Cent.

Dirck Stoop

geb. zu Utrecht um 1610; † daselbst 1686.

69. Schlachtscene.

In einer weiten Flachlandschaft wüthet bis zum fernsten Hintergrunde
ein wildes Schlacht-Getümmel; vorne links ist eine Reiter-Abtheilung in
dichtem Kampfe mit den vordringenden Fusssoldaten. Zahlreiche Gefallene
bedecken den Boden.

Sehr gutes, vorzüglich durchgeführtes Bild.

Holz; Höhe 48, Breite 65 Cent.

Abraham Storck

geb. zu Amsterdam um 1650 (?); † daselbst 1710 (?).

70. Der Wallfischfang.

Offene See mit zahlreichen grösseren Schiffen und kleineren Booten,
deren Mannschaft die Harpunen auswirft.

Unten links bezeichnet: Storck.

Holz; Höhe 42, Breite 59 Cent.

Juriaan van Streek

geb. zu Amsterdam 1632; † 1678.

71. Stillleben.

Auf einem Marmortische mit zurückgeschobenem reichen Teppich
sind Delfter Schale mit Aepfeln und Birnen, Zinnschüssel mit ange-

schnittener Citrone und Pastete, Rebenranke mit grosser Traube, Pfir-
siche etc. malerisch um hohes Champagnerglas und gefüllten Römer
gruppirt. Durch einen zurückgeschobenen Vorhang hat man durch ein
kleingetheiltes Fenster einen Blick auf die Stadt.

Hervorragendes Werk des Meisters.

Auf einem an das Fenster gesteckten Brief die interessante Signatur: To be-
stellen aen J. van Streek tot Amsterdam Port.

Leinwand; Höhe 97, Breite 76 Cent.

Hermann van Swanevelt
geb. zu Woerden um 1620; † zu Rom 1690.

72. Das tanzende Hirtenpaar.

Auf einem breiten Wege, der vom Vordergrunde rechts nach der
sich ungemein weit nach links ausdehnenden baumreichen Landschaft
führt, tanzt am Fusse eines mit hohen, dichtbelaubten Bäumen besetzten
Hügels ein Hirtenpaar zum Spiele eines auf Erdhügel sitzenden Dudel-
sackbläsers. Weiter zurück die grasenden Ziegen.

*Kräftig behandeltes, poetisches Bild von harmonischer Gesammtwirkung; aus der
Sammlung des Cardinals Rohan in Rom stammend, in welcher es als Claude Le
Lorrain galt.*

Leinwand; Höhe 60, Breite 79 Cent.

David Teniers der Jüngere
geb. zu Antwerpen 1610; † zu Brüssel 1690.

73. Küchen-Interieur.

In einem weiten Raume, in dem rechts grössere und kleinere Kessel,
Küchengefässe aller Art, Kannen, Bütte mit Gemüsen etc. um einen
Backofen eine malerische Gruppe bilden, steht in der Mitte eine Köchin
an einer Tonne, mit dem Scheuern eines Kessels beschäftigt. Sie wendet
sich nach der im Hintergrunde links um das Kaminfeuer gruppirten,
zechenden Gesellschaft mit Violinspieler. Vorne links ein Hund, oben
rechts ein kleines, geöffnetes Fenster, durch welches ein Mann seinen
Vogel füttert.

Reiches, vortrefflich erhaltenes Bild in schönem Goldton.

Unten links bezeichnet: D. Teniers F.

Holz; Höhe 58, Breite 84 Cent.

74. Landschaft. (Après-diner.)

Auf einem freien Platze vor einem rechtsstehenden Hause stehen
drei Bauern in Unterhaltung, von der in der geöffneten Thüre stehenden
Frau beobachtet; vorne ein Hündchen. Links weiter Blick in eine reizende
Flusslandschaft, auf deren jenseitigem Ufer bei einzelnen hohen Bäumen
ein Bauernhaus steht. Leicht bewölkter Himmel.

Köstliches, geistreiches Bildchen, von schönster Qualität und tadelloser Erhaltung.

Unten links bezeichnet: D. T. F.

Holz; Höhe 25, Breite 35 Cent.

No. 75. D. Teniers d. J.

David Teniers der Jüngere.

75. Der Krankenbesuch.

Auf dem hügeligen, von der Kirche herziehenden Wege zieht im Vordergrunde ein Processionszug zu einem links befindlichen grossen Gehöfte; voran schreiten vier Knaben mit Fackeln, ihnen folgt der Küster mit Schelle und Laterne, vor dem von vier Herren getragenen Baldachin, unter dem der Priester mit dem Ciborium. Den Zug schliessen unter Vorantritt eines Alten, augenscheinlich Teniers Vater, sieben Herren der besseren Stände.

Sehr interessantes, in Goldton vorzüglich ausgeführtes Werk.

Unten rechts bezeichnet: D. TENIERS. FEC.

Holz; Höhe 55, Breite 88 Cent.

Gerard Terborch

geb. zu Zwolle muthmasslich zwischen 1613 und 1617; † zu Deventer 1681.

76. Bildniss eines Gelehrten.

Kniefigur in Dreiviertelwendung nach rechts, mit langem Lockenhaar und spärlichem Schnurrbart. Er trägt ein schwarzes Gewand mit breiten viereckigen Kragen, der eng anliegt; rechts neben ihm ein mit rother Decke bedeckter Tisch, auf dem Buch und Handschuhe liegen. Dunkelgrauer Grund.

Leinwand; Höhe 44, Breite 36 Cent.

Giovanni Battista Tiepolo

geb. zu Venedig 1696; † zu Madrid 1770.

77. Hoherpriester.

Lebensgrosses Brustbild mit langem grauen Bart und turbanartiger Kopfbedeckung.

Geistreiche, flott behandelte Skizze.

Leinwand; Höhe 43, Breite 35 Cent.

78. Pharisäer.

Lebensgrosses Brustbild in Dreiviertelwendung nach links; das Barett mit reichem Diadem; der pelzverbrämte Mantel mit prächtiger Agraffe.

Gegenstück zum Vorigen in gleicher Ausführung.

Leinwand; gleiche Grösse.

Nach Giovanni Battista Tiepolo.

79. Das Martyrium der hl. Agatha.

Vorzüglich ausgeführte moderne Copie des berühmten ausgezeichneten Werkes des Künstlers in der Königlichen Gemälde-Gallerie zu Berlin, in gleicher Grösse.

Leinwand; Höhe 185, Breite 131 Cent.

3*

Unbekannter Meister.

80. Waldlandschaft.

Breiter Waldweg, von hohen, dichtbelaubten Eichbäumen begrenzt, an einem Bache vorbeiführend; als Staffage auf demselben: heimziehende Heerde, die auf einem Esel reitende Hirtin mit dem ihr entgegenkommenden Jäger im Gespräch.

Freundliches Bildchen.

Holz; Höhe 26, Breite 32½ Cent.

Unbekannter niederländ. Meister des XVII. Jahrh.

81. Bildniss eines Gelehrten.

Lebensgrosses Brustbild in Dreiviertelwendung nach rechts, mit hoher Stirn und langem Haar und mit melirtem Schnurr- und Knebelbart. Er trägt ein schwarzes Gewand mit breitem, enganliegendem, viereckigem Spitzenkragen. Grauer Hintergrund

Vorzüglich ausgeführtes Bild.

Oben links Wappen über den Initialen J. C. B. V. E. zwischen der Jahreszahl 1662

Leinwand; Höhe 78, Breite 62 Cent.

Unbekannter Meister des XVII. Jahrh.

82. Bildniss des Cardinals Richelieu.

Brustbild in rothem Ornate und Barett, mit blauem Ordensbande.

Holz; Höhe 30, Breite 25 Cent.

Tiziano Vecellio

geb. zu Pieve di Cadore im Friaul 1477; † zu Venedig 1576.

83. Die heil. Familie.

Hinter einem Steinsockel erscheint vor reich gemustertem Baldachin die Madonna in reich drapirtem Gewande, den vor ihr stehenden Jesusknaben, der einen Kirschenzweig in den Händen hält, liebevoll anschauend; links, fast ganz im Profil gesehen, der hl. Joseph, rechts Zacharias, seine Hand auf den kleinen Johannes legend, der in der Linken eine Banderole hält und mit der Rechten der Gottesmutter einen Kirschenzweig reicht.

Hervorragendes anmuthvolles, inniges Bild. Dasselbe stammt aus der berühmten Hamilton-Gallerie in Schottland und wurde 1882 in öffentlicher Auction bei Christie, Manson und Woods von Beckett Denison in Leeds am 1201 Guineen gekauft.

Auf dem Steinsockel in der Mitte bezeichnet: TITIANVS F.

Leinwand; Höhe 80, Breite 106 Cent.

No. 83. Tiziano Vecellio.

Willem van de Velde

geb. zu Amsterdam 1633; † zu Greenwich bei London 1707.

84. Marine.

Bewegte See; in der Mitte ein grosses holländisches Kriegsschiff mit reich verziertem Spiegel, mit vollen Segeln nach dem Hintergrunde zusteuernd, löst eine Kanone; ein zweites Kriegsschiff antwortend, hält seinen Cours nach rechts. Im Grunde weitere grössere Schiffe und kleinere Boote.

Schönes, silbertöniges Werk, welches stets als eine Original-Arbeit des grossen Meisters galt.

Leinwand; Höhe 47, Breite 65 Cent.

David Vinck-Boons

geb. zu Mecheln 1578; † zu Amsterdam 1629.

85. Waldige Landschaft.

Durch einen dichten Wald führt links ein breiter Weg nach der sich rechts weit ausdehnenden Landschaft. Als Staffage auf demselben zwei sich verfolgende Reiter-Abtheilungen. Gefallene und Pferde bedecken den Boden.

Gute Qualität des Meisters.

Holz; Höhe 64, Breite 105 Cent.

Jan Weenix

geb. zu Amsterdam 1640; † daselbst 1719.

86. Todter Hase und Vögel.

Im Vordergrunde einer Landschaft mit antiken Bauwerken hängt von dem Aste eines grossen Baumes auf die Erde herab ein todter Hase; rechts neben ihm liegen zwei Feldhühner, links ein Finke; dabei Fangnetz, Horn, Jagdgürtel und andere Geräthschaften.

Bedeutendes Werk des Meisters, von hoher Vollendung, bei malerischer Anordnung und Behandlung und von tadelloser Erhaltung.

Oben links bezeichnet: J. Weenix F. 1694.

Leinwand; Höhe 88, Breite 76 Cent.

Adam Willaerts

geb. zu Antwerpen 1577, † zu Utrecht 1662.

87. Seesturm.

Hochgehende See; zahlreiche Schiffe und Boote kämpfen mit den Wellen, in denen eins bereits untergegangen, während ein anderes an Felsenriffen zerschellt. Auf dem Ufer eilen zahlreiche Figuren herbei, die Schiffbrüchigen rettend und das Gut bergend.

Unten in der Mitte auf einem Balken die Bezeichnung.

Holz; Höhe 58, Breite 93 Cent.

Thomas Wijck

geb. zu Beverwijck 1616 (?); † zu Haarlem 1677.

88. Der Alchymist.

In seiner Werkstatte, die mit Instrumenten aller Art: Retorten, Gefässen, Büchern, Schriftstücken dichtgefüllt ist, sitzt an gleichfalls eng besetztem Tische der Alchymist in violettem Gewande und rother Mütze in einem Lehnsessel; hinter ihm steht sein jugendlicher Gehülfe mit grossem Gefäss; das durch zwei Fenster links spärlich einfallende Licht erhellt den Vordergrund.

Reiche Composition.
Unten rechts auf einem Folianten bezeichnet: T. Wijck.

Leinwand; Höhe 66, Breite 61 Cent.

Jan Wijnants

geb. angeblich 1600; thätig 1641- 1679.

89. Hügelige Landschaft.

Von einem mit Bäumen und Buschwerk bestandenen Hügel links führt ein breiter Weg, auf dem Paar mit beladenem Maulesel und zwei Jäger, an hohen, knorrigen und fast entlaubten Stämmen vorbei zum Vordergrunde rechts. Die Landschaft dehnt sich nach rechts weit aus, von einem Flusse durchzogen und von einem Höhenzuge begrenzt. Im Mittelgrunde ein Stoppelfeld mit aufgehäuften Garben; auf dem vorbeiführenden Wege hochbeladener Erntewagen.

Tüchtiges Werk des Meisters, etwas braun im Ton; die Staffage von Lingelbach.
Unten rechts bezeichnet: J. Wynants.

Leinwand; Höhe 82, Breite 100 Cent.

D. Wyntrack

Schüler des Jan Wijnants. (Nagl. XXII, S. 158.)

90. Das Innere einer holländischen Scheune.

Weiter scheunenartiger Raum mit Geräthen und Gefässen aller Art ausgestattet.

Gutes Bild, etwas bräunlich im Ton.

Holz; Höhe 57, Breite 75 Cent.

Reinier Nooms, gen. Zeeman

geb. zu Amsterdam um 1612; daselbst noch thätig um 1653.

91. Marine.

Stille See mit verschiedenen Kriegsschiffen und ferner Küste.

Holz; Höhe 58, Breite 70 Cent.

No. 82. J. Wijnants.